Marco Peters

iPAD, iPHONE & CO KINDERSICHER

Endlich einfach sorglos daddeln und surfen

Ungekürzte Ausgabe 2015
1. Auflage 2015
© 2015 Marco Peters
www.solutionbar.de

Herstellung und Verlag: BoD – Books on Demand, Norderstedt
ISBN 978-3-7386-1954-6

Bibliografische Information der Deutschen Nationalbibliothek:
Die Deutsche Nationalbibliothek verzeichnet diese Publikation in der Deutschen Nationalbibliografie; detaillierte bibliografische Daten sind im Internet über http://dnb.dnb.de abrufbar.

Gestaltung: Stefan Hecht

Das Werk, einschließlich seiner Teile, ist urheberrechtlich geschützt. Jede Verwertung ist ohne Zustimmung des Verlages und des Autors unzulässig. Dies gilt insbesondere für die elektronische oder sonstige Vervielfältigung, Übersetzung, Verbreitung und öffentliche Zugänglichmachung.

Inhalt

Intro	**1**
Auf einen Blick	**4**
Alles unter Kontrolle	**7**
Sicher auf allen Geräten	**11**
Kindersicherheit mit dem Kindle	13
Kindersicherheit mit Apple	17
Kindersicherheit mit Microsoft	25
Kindersicherheit mit Android	29
Auf das Nötigste beschränken: Wenn das Kind sein eigenes Smartphone bekommt	**33**
Aus meinem Leben	**34**
Fazit	**35**
Über den Autor	**39**

Intro: Ist die Benutzung von Tablet und Smartphone für Kinder sicher?

Smartphones oder Tablets in den Händen von Kindern – das ist ein viel diskutiertes Thema. Als Vater von zwei Söhnen im Alter von neun und sieben Jahren weiß ich, wie schwer es im digitalen Zeitalter ist, seinem Kind den Umgang mit mobilen Devices zu ermöglichen, ohne sich Sorgen um die Sicherheit des Nachwuchses machen zu müssen. Ich habe selbst schon viele Methoden ausprobiert, meinen Kindern sicheres und vor allen Dingen altersgerechtes Daddeln und Surfen bieten zu können – und musste feststellen, dass das gar nicht so einfach ist, z. B. war schon die Überprüfung der täglichen Nutzungdauer kompliziert.

Wenn ich mit meinen Kindern vereinbart hatte, dass sie das iPad für eine Viertelstunde nutzen dürfen, wurde unsere Eieruhr auf 15 Minuten gestellt. Sobald sie klingelte, sollte Schluss sein. Sie können sich denken, dass das System so seine Tücken hatte. Diskussionen wie: »Ich will nur noch schnell das Level zu Ende spielen!« oder »Bitte, bitte, nur noch fünf Minuten!« waren dann die Tagesordnung. Oder aber die Kleinen verstellten heimlich die Eieruhr und erschlichen sich dadurch doch mehr Zeit zum Daddeln.

Später habe ich mir eine andere Lösung ausgedacht: Da mein iPad mit meinem iCloud-Account verbunden ist, konnte ich das Gerät über mein iPhone sperren. Ich habe den Kindern gesagt, dass sich das Gerät nun »von alleine« nach 15 Minuten abstellt und wir somit keine Eieruhr mehr brauchen. Tatsächlich habe ich dann selber auf die Uhr geschaut und das Gerät nach einer Viertelstunde über die Funktion »iPad verloren« gesperrt. Meine Kinder dachten, ich hätte eine zeitliche Beschränkung eingerichtet und fanden sich mit der Spielunterbrechung ab.

Seitdem gab es keine Diskussionen mehr. Wirklich gar keine. Sie haben das Gerät, nachdem es »von alleine« ausgegangen war, einfach zur Seite gelegt. Nach einer gewissen Zeit wurde diese Methode aber zu anstrengend für mich selbst – etwa in Situationen, in denen ich das Gerät aus der Ferne abstellen musste, weil meine Frau den Kindern das iPad gegeben hatte. Ich musste es dann von unterwegs aus sperren. Das ging zwar auch, war aber doch keine langfristige Lösung, da meine Frau und ich unsere Kinder ständig aktiv kontrollieren mussten. Wir konnten sie mit dem iPad nie alleine spielen lassen. Also begab ich mich schließlich auf die Suche nach der perfekten Lösung.

Ich leite ein IT-Unternehmen in München. Insofern ist es nicht verwunderlich, dass mein Rat auch oft zum Thema Kinder und Tablet/Smartphone gesucht wird. Schließlich gehören die

Geräte mittlerweile zur Grundausstattung deutscher Haushalte und werden rege von Kindern genutzt. So ist es z.B. auch keine Seltenheit mehr, dem gelangweilten Kind etwa im Wartezimmer einer Arztpraxis oder im Restaurant ein Smartphone in die Hand zu drücken, um es ein wenig zu beschäftigen. Gibt es überhaupt noch ein Lokal, wo man kein Kind alleine mit einem iPhone in der Hand sitzen sieht?

Zwar gibt es viele Webseiten, die sich dem Thema kindgerechtes Surfen und Daddeln widmen, doch meist findet man bei der großen Anzahl an Quellen nicht die Antwort auf ein spezifisches Problem. Warum? Es gibt einfach sehr viele Geräte von unterschiedlichen Herstellern, von denen jedes andere Möglichkeiten liefert, um es kindersicher einzustellen.

Die Tabelle auf der folgenden Doppelseite gibt einen Überblick zu den Einstellungsmöglichkeiten der aktuell am meisten genutzten internetfähigen Geräte in deutschen Haushalten. Schnell wird ersichtlich, wo das Problem liegt: Jedes Gerät baut auf ein anderes Betriebssystem auf, das wiederum andere Sicherheitseinstellungen zulässt.

Auf einen Blick

	iOS 8	OS X 10.10
Apps beschränken (Whitelist)	√	
App Store blockieren	√	
Installation von neuen Apps blockieren	√	
Prüfung der Apps durch Storebetreiber	√ Prüfung vor Veröffentlichung	
Bezeichnung der Kinderschutz-Funktion	»Einschränkungen«	»Kindersicherung«
Separater Kinder-Benutzer	×	√
Kinderaccount Geräteübergreifend	×	
Festes Zeitkontingent einstellen	×	√*
Tägliches Kontingent	–	√
Unterschied für Wochenende	–	√
Internetzugang ausschalten	√	
Internetseiten beschränken (Whitelist)	√	
Internetseitenbeschränkung (Whitelist) auch in anderen Netzen (anderes WLAN, 3G, LTE, ...)	√	
Hilfe und Support (Telefon oder E-Mail)	√ Relativ gut. Per Telefonsupport, E-Mail Support oder in den Apple Stores	
Bemerkungen	* min. 30 min / Tag	

	Windows		Amazon	Android	
	Windows Phone 8.1	Win 8.1	Fire OS 3	OS 5 Lollipop	
	×	×	√	(*)	√
	×	×	√	(*)	√
	×	×	√	(*)	√
	√ Zertifizierung vor Veröffentlichung		Unsicher, Prüfung evtl. nach Veröffentlichung	Unsicher, Prüfung evtl. nach Veröffentlichung	
	»Family Safety«		–	»Freetime«	–	»Nutzer & Profile«
	√	×	√	(*)	√
	√	×	×	(*)	
	√	×	√	(*)	
	√	–	√	–	
	√	–	√	–	
	×	×	√	(*)	
	√		×	(*)	
	√		–	(*)	

×	√	×
Laut Microsoft ist Family Safety »eine kostenlose Software«, daher gibt es KEINEN SUPPORT. Auch wenn die Software fehlerhaft ist. Hilfe gibt es evtl. online über answers.microsoft.com	Mit Abstand am Besten! Einfach und gut zu erreichen. Sehr schneller Rückruf.	Kein direkter Support bei Softwarefehlern. Anfragen nur per E-Mail über den Google-Support oder ein Online-Forum.
1. Es können nur die bereits installierten Apps blockiert werden. 2. Die Kachel »Bing News« zeigt Nachrichten aus alllen bekannten Zeitungen, obwohl die Internetsperre eingerichtet ist!		* Nur mit separater App (evtl. unsicher) z.B.: »Kids Place« oder kostenpflichtig: Norton oder salfeld (ca. 30€/2J)

Mit diesem kleinen Ratgeber möchte ich Eltern und Erziehungsberechtigten einen Leitfaden an die Hand geben, der Ihnen zeigt, wie sie die mobilen Geräte in ihrem Haushalt so einstellen, dass ein größtmöglicher Schutz des Kindes gewährleistet werden kann. Der Fokus liegt dabei auf Grundschülern, die gerade anfangen, mit Tablet und Smartphone in Berührung zu kommen. Spätestens im Teenager-Alter nutzen Sicherheitseinstellungen und Beschränkungen nichts mehr – die Kinder wissen dann bereits, wie sie solche Schutz- und Beschränkungsmaßnahmen umgehen. Hier hilft nur Aufklärungsarbeit.

Wollen Sie Ihre Kinder bis zum Besitz des ersten eigenen Smartphones vor nicht kindgerechten Inhalten schützen, erfahren Sie in diesem Ratgeber, wie Sie das am besten tun können. Wollen Sie Ihr Kind hingegen auch nach dem zwölften Lebensjahr durchweg überwachen, ist dieser Ratgeber nichts für Sie.

Viel Spaß beim Lesen.

Marco Peters

Alles unter Kontrolle

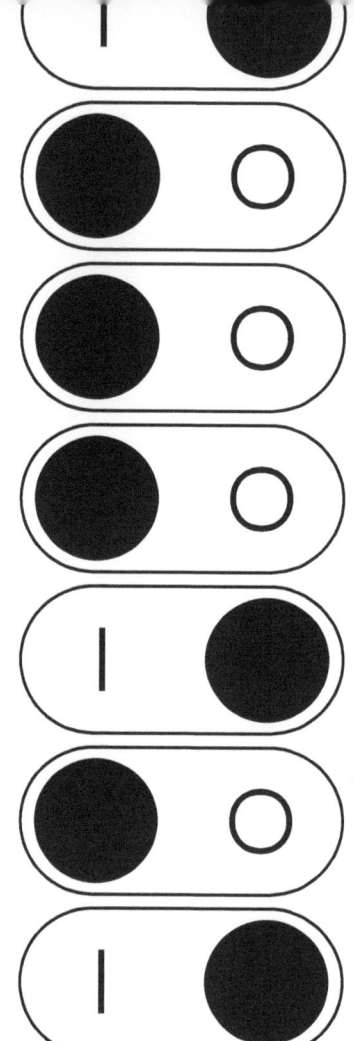

Vertrauen ist gut ...
... Kontrolle manchmal besser.

Dem eigenen Kind den Umgang mit Tablet oder Smartphone zu erlauben, ist OK, solange man sich gemeinsam mit dem Gerät beschäftigt. Doch spätestens wenn man sein Kind mit dem mobilen Device alleine lässt oder das Kind ein eigenes Smartphone bekommt, sollten Maßnahmen ergriffen werden, die nicht nur den Schutz des Kindes gewährleisten, sondern auch dem Elternteil ein größtmögliches Maß an Kontrolle bieten.

Ein Beispiel: Wenn Sie Ihrem Kind Ihr Smartphone in die Hand geben und es damit alleine lassen, hat es die Möglichkeit, wichtige Einstellungen im E-Mail-Postfach, dem Kalender oder in den SMS durch falsches Tippen zu verändern oder Nachrichten zu löschen. Insbesondere wenn es sich um ein dienstliches Smartphone handelt, können unschöne Dinge passieren. Nicht umsonst sind die Business-Geräte normalerweise gemäß den Anweisungen der IT-Abteilung mit einem Passcode geschützt. Oft sehe ich aber Eltern, die ihrem Kind das entsperrte Geschäfts-iPhone in die Hand drücken und dann gar nicht mitbekommen, was das Kind an dem Gerät so alles macht.
Wie kann ich dafür sorgen, dass Tablet und Smartphone so gut geschützt sind, dass ich bei der Nutzung durch meine Kinder nicht ständig dabei sein muss?

Als Vater zweier Kinder und Geschäftsführer eines IT-Unternehmens bekomme ich diese Frage häufig von besorgten Eltern gestellt. Und ich kann Sie beruhigen: Es gibt Mittel und Wege, Kindern auch unbeaufsichtigt den Umgang mit mobilen Devices zu ermöglichen, ohne dabei ein Risiko eingehen zu müssen.

Erster Schritt: Das Gerät und seine Möglichkeiten kennen
Um für eine kindgerechte Nutzung mobiler Devices zu sorgen, sollte man sich zunächst folgende zwei Fragen stellen:
1. Auf welche Geräte hat mein Kind Zugriff?
2. Welche Möglichkeiten habe ich als Elternteil, Nutzungsdauer und Internetzugriff zu kontrollieren?

Der einfachste Weg ist es natürlich, Nutzungsdauer und Zugriffsrechte auf dem Gerät festlegen zu können. Doch sehen die Einstellungsmöglichkeiten je nach Gerät ziemlich unterschiedlich aus. Wie Sie die Geräte in Ihrem Haushalt kindersicher einstellen, erfahren Sie in den folgenden Abschnitten.

Sicher auf allen Geräten

Kindersicherheit mit dem Kindle

Das Kindle Fire ist das wohl beste Gerät für kleine Kinder. Es ist nicht nur sehr handlich und leicht – optimal für kleine Kinderhände – sondern verfügt außerdem über eine Vielzahl praktischer Sicherheitseinstellungen. Auch ein Belohnungs-System ist bei den Kindle-Geräten inklusive.

Eltern können an diesem Gerät mit der Funktion Kindle FreeTime einen eigenen Nutzer für jedes ihrer Kinder einrichten und die Nutzung von Apps für alle Nutzer beschränken. Außerdem lässt sich eine individuelle Nutzungsdauer festlegen, was unheimlich praktisch sein kann. Schließlich entfällt die nervige Aufgabe, die Kontrolle der Nutzungsdauer selbst vorzunehmen. Auch ich habe meinen Kindern feste Zeitlimits gesetzt: Mein neunjähriger Sohn darf sich aktuell täglich 15 Minuten mit dem Tablet beschäftigen. Sein zwei Jahre jüngerer Bruder darf nur Samstags und Sonntags für jeweils 15 Minuten mit dem Tablet spielen. Kann man die festgelegte Zeit einfach am Gerät einstellen und stellt sich dieses nach der vereinbarten Nutzungsdauer automatisch aus, gibt es keine Diskussionen. Kindle FreeTime sperrt den Internetzugang für Kinder-Accounts automatisch.

Optional gibt es ein das eben erwähnte Bonus-System – liest ein Kind für eine gewisse Zeitspanne ein Buch, darf es als

Belohnung einige Minuten lang auf dem Gerät spielen. Ich selbst bin kein großer Fan dieser Funktion, verkehrt ist sie dennoch nicht.

Mein Fazit: Solange Ihr Kind noch nicht weiß, wie es die Internetsperre umgehen kann (und daran auch kein Interesse hat), ist das Kindle Fire ein tolles und sicheres Gerät für die Kleinen. Werden sie älter und einfallsreicher, sieht das wieder anders aus.

*Auf einen Blick:
»Amazon Kindle Fire«*

- *Eigenen Account mit einem Kennwort schützen*
- *Für jedes Kind einen Freetime-Account einrichten*
- *Feste Nutzungsdauer (Tagespensum) vereinbaren und unter Freetime einstellen*
- *Nur ausgewählte Apps für die Kinder-Accounts aktivieren*

www.solutionbar.de

Kindersicherheit mit Apple

Das sicherste Gerät für Kinder ist definitiv der klassische Mac. Hier sind die Einstellungsmöglichkeiten definitiv am ausgereiftesten. Auch der Blick auf die Tabelle zeigt, dass man beim Thema Sicherheit am Apple-Rechner keine Abstriche machen muss.

Am Mac lässt sich ein eigener Kindernutzer anlegen, der Zugriff auf Apps und Webseiten beschränken, ein zeitliches Nutzungskontingent festlegen und es gibt eine spezielle Kindersicherung. Besonders schön ist die Prüfung der Apps vor ihrer Veröffentlichung durch Apple. So kann garantiert werden, dass keine unseriösen App-Anbieter mit ihren Apps einen Weg auf den Rechner finden.

iPhone und iPad verfügen beinahe über dieselben Einstellungsmöglichkeiten. Einziges Manko: Es lässt sich kein gesonderter Kindernutzer anlegen und auch kein zeitliches Nutzungskontingent festlegen. Hier müssen die Eltern also einen genauen Blick auf die zeitliche Nutzung werfen, oder aber Sie nutzen den »Geführten Zugriff«.

Es gibt eine tolle Möglichkeit, den Zugriff auf iOS-Geräte auf eine App zu beschränken und eine Nutzungsdauer festzulegen, ohne dafür eine zusätzliche App installieren zu müssen. Sie heißt »Geführter Zugriff«. Bevor man sein iPhone aus der Hand gibt, öffnet man die gewünschte App und klickt dreimal auf den Home-Button*. Nun öffnet sich die Option »Geführter Zugriff«. Bevor man die Funktion startet, gibt man unter »Optionen« die Nutzungsdauer ein (z. B. 15 Minuten) und tippt anschließend auf »Start«. Nun kann das Kind die App nicht mehr verlassen. Zusätzlich schaltet sich das iPhone / iPad nach der eingestellten Nutzungsdauer automatisch ab und ist gesperrt.

*Diese Funktion muss einmalig aktiviert werden unter: Allgemein > Bedienungshilfen > Lernen >Geführer Zugriff. Wichtig: Unter »Codeeinstellungen« sollten Eltern einen Code festlegen, den nur sie selbst kennen.

*Auf einen Blick:
»iPad, iPhone und iPod«*
(Kinder nutzen kurz das Gerät der Eltern)

- *Das eigene Gerät mit einem Code schützen*
- *Vorher einmalig Funktion »Geführter Zugriff« aktivieren (Allgemein → Bedienungshilfen → Lernen → Geführter Zugriff)*
- *Wichtig dabei: unter »Codeeinstellungen« einen Code festlegen, den nur die Eltern kennen*
- *Bevor das Kind das iPhone / iPad in die Hand gedrückt bekommt: dreimal den Home-Button klicken und unter »Optionen« die Nutz-ungszeit einstellen*

www.solutionbar.de

Auf einen Blick: »iPad, iPhone und iPod«
(Kinder haben ein eigenes Gerät)

- Wenn das Kind ein ausrangiertes iPhone der Eltern bekommen soll: das Gerät zuvor komplett zurücksetzen! (= Inhalte & Einstellungen löschen; nur ausgewählte Apps installieren).
- »Einschränkungen« aktivieren und nur ausgewählte Apps und Internetseiten (Whitelist) zulassen, je nach Alter des Kindes den Internetzugang komplett abschalten.
- Optional: Feste Nutzungsdauer (Tages- und Wochenpensum) vereinbaren, kontrollieren und konsequent einhalten

Auf einen Blick:
»Apple iMac, MacBook mit OS X«

- *Eigenen Account mit Kennwort schützen*
- *Kinder-Account pro Kind unter Systemeinstellungen → Kindersicherung erstellen*
- *Festes Tagespensum vereinbaren und unter Systemeinstellungen → Kindersicherung → Zugriffszeiten einstellen*
- *Nur ausgewählte Programme und Spiele für die Kinder-Accounts aktivieren*
- *Internetzugang bei den Kinder-Accounts sperren oder mit Whitelist unter Systemeinstellungen → Kindersicherung → Web beschränken*

Kindersicherheit mit Microsoft

Microsoft stellt mit Family Safety eine kostenlose Software zur Verfügung, die Kinder beim Surfen vor ungeeigneten Inhalten schützen soll. Klingt nach einer vielversprechenden Lösung, mit der man sein Kind bequem vor ungeeigneten Inhalten schützen kann. Leider hat Family Safety aber einen entscheidenden Nachteil – eine echte Internetsperre ist nicht möglich. Auch wenn sich eine Nutzungsdauer einstellen und der Zugriff auf einzelne Webseiten beschränken lassen, können sich das Kinder unendlich viele Spiele runterladen oder über die »News-App« jede Nachrichtenseite aufrufen – das ist trotz Internetsperre mit Whitelist möglich.

Ebenso kann man den Auch der App-Store lässt sich nicht abschalten. Es ist zwar möglich, im Store eine Altersbeschränkung einzustellen, diese ist allerdings sinnlos. Denn trotz Altersbeschränkung haben Ihre Kinder weiterhin die Möglichkeit, nahezu jedes Spiel aus dem Store herunterzuladen. Dabei sollten gerade Grundschulkinder nicht selbstständig unzählige Spiele aus dem Store laden können.

Eine echte Enttäuschung ist außerdem der Microsoft Support. Die Software Family Safety hat einige Macken und ist wegen des nicht abstellbaren Internetzugangs vollkommen witzlos.

Wenn man diese Probleme mit dem den Mitarbeitern der Support-Hotline besprechen will, wird man von einer Computerstimme nur auf die Website answers.microsoft.com verwiesen. Das persönliche Gespräch mit einem Support-Mitarbeiter wird verweigert. Ich habe die Webseite nach meinen Problemen, die ich mit Family Safety hatte, durchsucht, habe aber nur unzählige Anfragen von anderen Nutzern zu den gleichen Schwierigkeiten gefunden. Allerdings ohne Lösungen dazu. Meine klare Empfehlung daher: Kaufen Sie Ihrem Kind – gerade im Grundschulalter – keinen Windows-PC oder gar ein Windows Phone.

Auf einen Blick:
»Microsoft Windows – PC,
Tablet oder Smartphone«
(Kein ausreichender Schutz –
nicht empfohlen für Kinder unter 12 Jahren)

- *Sehr guten Virenschutz installieren*
- *Einrichten eines eigenen Kinder-Accounts*
- *Feste Nutzungsdauer (Tagespensum) vereinbaren und regulieren*

www.solutionbar.de

Kindersicherheit mit Android

Android ist mit Abstand das beliebteste Smartphone-Betriebssystem. Rund 80 Prozent – Tendenz steigend – vertrauen auf die freie Software und legen sich deshalb ein Android-Gerät zu.

Sicher hat Android seine Vorteile: Als offenes System hat der Nutzer unheimlich viele Einstellungsmöglichkeiten. Die Anzahl der angebotenen Apps ist riesig. Und die meisten App-Anbieter konzentrierem sich neben iOS nur noch auf die Programmierung von Android-Apps.

Doch so schön das alles klingen mag: In Sachen Sicherheit sind die Android-Geräte weit abgeschlagen. Apps lassen sich nur an Android-Tablets beschränken, werden vor ihrer Veröffentlichung nicht geprüft, der Internetzugang lässt sich nicht abschalten, Webseiten können nicht beschränkt werden und ein direkter Support wird gar nicht erst angeboten. Zumindest ein Kinder-Nutzer lässt sich auf dem Tablet einrichten – auf Android-Smartphones geht das wiederum nicht.

Wer bereits ein oder mehrere Android-Geräte im Einsatz hat und nicht auf ein Kindle oder anderes sicheres Gerät umsteigen möchte, hat nur eine Möglichkeit: Für Sicherheit mit einer seperaten App zu sorgen. Das geht zum Beispiel mit der kostenpflichtigen App von Salfeld. Wer stattdessen lieber eine kostenfreie Variante ausprobieren möchte, kann sich etwa die Android-App Kids Place näher ansehen. Aber Vorsicht: Hier besteht kein Anspruch auf Hilfestellung durch einen Support.

*Auf einen Blick:
»Android Tablet / Smartphone«*

- *Das Gerät bzw. den eigenen Account mit einem Kennwort schützen*
- *Beim Tablet: separaten Kindernutzer mit ausgewählten Apps aktivieren (beim Android-Smartphone geht das leider nicht)*
- *Erweiterung der Sicherheitseinstellungen durch separate Apps (etwa Salfeld, Kid's Shell oder Kids Place)*
- *Feste Nutzungsdauer (Tagespensum) vereinbaren und in der App einstellen*

www.solutionbar.de

Auf das Nötigste beschränken: Wenn das Kind sein eigenes Smartphone bekommt

Ein echtes Beispiel vom Schulhof: Ein zehnjähriges Kind hat das alte iPhone von seinem Vater bekommen. Damit das Kind auch ins Internet gehen kann, verfügt dieses sogar über einen entsprechenden Handytarif. Auf dem Schulhof hat sich das Kind dann mit anderen interessierten Kindern in eine Ecke verkrochen. Die Kinder haben dann alles, was ihnen gerade einfiel, in die Google-Suche eingegeben. Was glauben Sie, auf was für Ideen die Kleinen so gekommen sind? Und da der Vater keine Beschränkung aktiviert hatte, konnten die Kinder JEDE Internetseite aufrufen. Da war alles dabei: Fotos, Videos, Nachrichtenseiten, usw.

Die zuvor genannten Tipps und Tricks sind eine tolle Sache, greifen aber nur bis zu einem gewissen Alter. Spätestens wenn das Kind sein eigenes Smartphone bekommt, wird es mit dem Schutz schwierig. Dann gibt es nur einen Weg: Das Gerät zurücksetzen (bei Gebrauchtgeräten) und eine Komplettsperre einrichten, die lediglich Telefonieren und das Schreiben von SMS zulässt. Die Freigabe einzelner Apps ist ebenfalls möglich. So kann Ihr Kind telefonieren, smsen und ausgewählte Apps nutzen.

Aus meinem Leben: So dürfen meine Kinder daddeln und surfen

Daddeln: Kindle Fire mit Freetime-Account
– Siebenjähriger (1. Klasse): 15 Minuten je Samstag und Sonntag
– Neunjähriger (3. Klasse): 15 Minuten pro Tag

Surfen: Apple MacBook Air mit OS X Kindersicherung-Account
– Siebenjähriger (1. Klasse): kein Zugang
– Neunjähriger (3. Klasse): maximal 30 Minuten pro Tag (eine geringere zeitliche Beschränkung lässt sich nicht einrichten)

Mein Großer surft bisher nur ein- bis zweimal pro Woche im Internet, lässt an diesen Tagen aber dann das Daddeln sein. Das ist der Deal. Der Vorteil: Die Kinder können selbst entscheiden, wann sie sich das Gerät zum Spielen bzw. zum Surfen holen. Sie müssen nicht fragen. Die Geräte sind ausreichend geschützt und schalten sich automatisch ab. Wenn mein großer Sohn weitere Internetseiten benötigt, schaue ich mir diese mit ihm zusammen an und schalte sie frei. Falls mal eine Webseite dabei ist, die ich nicht freischalten möchte, dann erkläre ich ihm das in einem Gespräch.

Fazit

Mit einfachen Mitteln viel erreichen

Sie haben es sicherlich bemerkt: Der kindgerechte Umgang mit Tablet und Smartphone ist möglich. Sie müssen nur die technischen Voraussetzungen schaffen und dabei stets konsequent bleiben.

Wie Sie die Einstellungen für verschiedene Benutzer, die zeitliche Nutzungsbeschränkung und das Anlegen einer Whitelist im Detail vornehmen, erfahren Sie auf den Hilfeseiten der einzelnen Smartphone- und Tablet-Hersteller. So finden Sie etwa bei Apple und Amazon leicht verständliche Schritt-für-Schritt-Anleitungen mit Screenshots. Ich habe in diesem eBook bewusst auf konkrete Anleitungen verzichtet, da diese bei der nächsten Softwareversion wieder überholt wären.

Wenn Sie sich selber nicht zutrauen, die benötigten Einstellungen vorzunehmen, lassen Sie sich von jemanden helfen. Gehen Sie einfach mit Ihrem Apple-Gerät in den nächsten AppleStore (Termin vereinbaren). Für Ihren Amazon Kindle Fire empfehle ich die telefonische Hotline. Bei Android suchen Sie nach einer App, mit der Sie entsprechende zeitliche Nutzungsbeschränkungen und weitere Schutzeinstellungen vornehmen können. Entscheiden Sie sich für eine kostenpflichtige App, kontaktieren Sie den Anbieter. Bei kostenfreien Angeboten finden Sie Foren zum

Thema Hilfe und können dort auch gezielt Ihre Fragen stellen. Beim Angebot von Windows kann ich die telefonische Hotline nicht empfehlen. Nachdem man sich eine gefühlte Ewigkeit durch die Ansage gekämpft hat, wird man stets auf die Hilfeseiten von Windows verwiesen. Support von echten Menschen kann man hier leider nicht erwarten. Auch ein Blick in entsprechende Foren nützt nichts. Alle User suchen nach einer Lösung, aber kein Support-Mitarbeiter nimmt sich der Fragen an.

Ich hoffe, Ihnen mit diesem Buch ein paar nützliche Hinweise und Tipps auf den Weg gegeben und Sie für das Thema Sicherheit an Tablet und Smartphone sensibilisiert zu haben. Wenn Sie die gegebenen Ratschläge konsequent anwenden, können Sie Ihrem Nachwuchs kindersicheres Spielen und Surfen an Smartphone und Tablet ermöglichen – und das ganz ohne die mobilen Geräte komplett verbieten zu müssen. Davon profitiert letztendlich die ganze Familie.

Endlich einfach E-Mail Ordnung, Datenschutz und Zukunftssicherheit

Marco Peters
STOP DIGITAL CHAOS

Dieser Ratgeber erklärt in drei Kapiteln kompetent und anschaulich, wie jeder heute das DIGITAL CHAOS in den Griff bekommt (Ordnung). Wie man die Kontrolle über seine Daten behält (Sicherheit). Und mit welchen Tools wir morgen arbeiten sollten, um als Unternehmen nicht den Anschluss zu verlieren (Zukunft). Erhältlich als Taschenbuch und E-Book.

Mehr Infos unter: www.stop-digital-chaos.de

Über den Autor

Marco Peters ist gelernter Informationselektroniker, Unternehmer und Experte im Bereich Digital Business und IT-Lösungen. Was ihn antreibt, ist Ordnung in chaotische Strukturen zu bringen.

Dieses Anliegen wurde und wird in seiner beruflichen Praxis einem permanenten Belastungstest unterzogen: in der Vergangenheit als Head of IT einer der größten Kreativagenturen Deutschlands, heute in seiner Beratertätigkeit und Projektarbeit seines Unternehmens Solutionbar in München.

Peters leitet unter anderem Seminare und Workshops zu Themen wie »E-Mail Chaos vermeiden«, »Daten sicher verschlüsseln« oder »Enterprise-Social-Network«.

Nützliche Links

Mediennutzungsvertrag
www.mediennutzungsvertrag.de

Initiative »SCHAU HIN! Was Dein Kind mit Medien macht«
www.schau-hin.info

Initiative klicksafe
www.klicksafe.de

i-KiZ – Zentrum für Kinderschutz im internet
www.i-kiz.de

Notizen

Notizen

Notizen